Deus nos criou um a um

Como identificar preconceitos e celebrar as diferenças

Christine A. Adams

Ilustrações:
R. W. Alley

Dados Internacionais de Catalogação na Publicação (CIP)
(Câmara Brasileira do Livro, SP, Brasil)

Adams, Christine A.
    Deus nos criou um a um: Como identificar preconceitos e celebrar as diferenças / Christine A. Adams; Ilustrações R. W. Alley; [tradução Alexandre da Silva Carvalho]. – São Paulo: Paulus, 2011.
    — Coleção Terapia infantil.

    Título original: *God Made Us One By One: How to See Prejudice and Celebrate Differences*
    ISBN 978-85-349-2685-0

    1. Crianças - Medidas de segurança 2. Crianças e violência 3. Educação para segurança I. Alley, R. W. II. Título. III. Série.

09-03916   CDD-155.418

Índices para catálogo sistemático:
1. Crianças: Segurança: Psicologia infantil 155.418

Título original
© *God Made Us One By One*
How to See Prejudice and Celebrate Differences
Christine A. Adams, *2008 (texto)*
© *St. Meinrad Archabbey, 2008 (ilustrações)*
ISBN 978-0-87029-418-1 (ed. original)

Tradução
Alexandre da Silva Carvalho

Impressão e acabamento
PAULUS

Para meus netos, que são totalmente diferentes e únicos!
Harrison Edward Hanley
Benjamin Michael Firsick
James Eliot Firsick
Grace Lenore Christine Hanley
Diana Mary Butch e
Katie Butch

Seja um leitor preferencial **PAULUS**.
Cadastre-se e receba informações sobre nossos lançamentos e nossas promoções:
paulus.com.br/cadastro
Televendas: **(11) 3789-4000 / 0800 016 40 11**

1ª edição, 2011
2ª reimpressão, 2023

© PAULUS - 2011
Rua Francisco Cruz, 229 • 04117-091 São Paulo (Brasil)
Tel. (11) 5087-3700
paulus.com.br • editorial@paulus.com.br

ISBN 978-85-349-2685-0

Uma mensagem para pais, professores e outros adultos interessados em ajudar

Nós fomos criados à imagem de Deus, cada um de nós com todas as nossas diferenças. Se vivemos num mundo que reconhece e valoriza essa crença, nossas crianças devem mostrar como vivem, aprendem e trabalham com aqueles que são diferentes.

O preconceito compromete o caminho da harmonia, porque se baseia mais no medo do que no conhecimento. O medo conduz a julgamentos irracionais que desconsideram fatos. Quando alguém é vítima de um pré-julgamento, sofre com a discriminação, e, onde há discriminação, não há entendimento.

Este não é o caminho que somos chamados a percorrer como raça – raça humana – criada por Deus. Nós somos, sim, convidados a amar nossos semelhantes como eles são, com "um amor perfeito que afasta todo o medo".

As crianças perceberão diferenças nas pessoas, nos lugares e nas coisas. Contudo, o preconceito é aprendido pela observação que se faz da sociedade onde ele existe. As crianças podem ser expostas ao preconceito social por meio de seus pais, meios de comunicação, internet. Estereótipos e informações erradas são em si totalmente prejudiciais.

A manifestação do preconceito se dá nas escolas, todos os dias, quando crianças atribuem aos colegas nomes pesados, excluem os companheiros das atividades propostas, provocam ou ameaçam uns aos outros. Os adultos podem ser excluídos de certos trabalhos, de certas vizinhanças, de oportunidades estudantis ou econômicas simplesmente por causa de sua aparência, crença ou origem.

DEUS NOS CRIOU UM A UM ajuda as crianças a definir e reconhecer preconceitos. Explica como o preconceito pode se tornar um veneno na vida das pessoas, fazendo com que elas se fechem ao outro antes que realmente o conheçam.

Este livro ensina como as crianças podem apreciar as diferenças presentes no outro. O objetivo é apresentar aos pequenos níveis de compreensão que conduzam à paz, com a ajuda inspirada em Atticus Finch, personagem central do romance *O sol é para todos*, que diz a sua filha: "Você não compreende realmente uma pessoa até considerar as coisas a partir do ponto de vista dela... Até que você assuma a realidade dela e caminhe pelo mundo com ela".

Christine A. Adams

O que é preconceito?

Preconceito significa julgar uma pessoa antes que você saiba qualquer coisa sobre ela. Significa ter uma opinião sobre alguém que você não conhece.

De que modo julgamos algumas vezes as pessoas? Pela maneira como elas falam, pelo jeito que elas têm, por aquilo que ouvimos dizer delas pelos nossos familiares e amigos, ou por aquilo que vimos na TV.

Marcos viu um homem de cabelos compridos na TV que havia roubado uma loja. Ele viu a polícia algemá-lo. Quando Marcos viu outro homem com cabelos longos no *shopping*, pensou que fosse uma má pessoa. No entanto, o homem que estava no *shopping* era um pediatra.

Aceite as pessoas como elas são

Preconceito é como um veneno que turva sua mente e fecha-a à percepção das boas coisas presentes nas outras pessoas ou à aceitação delas como elas são – filhas de Deus. Marcos considerou, à primeira vista, que o tal homem de cabelos compridos fosse um ladrão, Marcos não percebeu que aquele homem no *shopping* poderia ser qualquer outra coisa. A aparência de alguém não determina quem ela seja.

Ter a mente aberta significa aceitar as pessoas como elas são. Não deixe que o preconceito mine você. Não julgue uma pessoa sem realmente conhecê-la.

Você deveria acolher e respeitar todas as pessoas. No entanto, você não precisa aceitar maus comportamentos – como mentiras e roubos. Deus ama todas as pessoas, mas não gosta das coisas ruins que elas fazem. Tente lembrar-se de que todas as pessoas cometem erros de vez em quando, até mesmo você.

O preconceito pode contaminar você

As pessoas nem sempre sabem quando estão sendo preconceituosas. O preconceito pode contaminá-las silenciosamente. Marcos não sabia que o que viu na TV poderia torná-lo juiz injusto do homem que viu no *shopping*.

Às vezes, os pais podem ter uma ideia preconceituosa de certas pessoas. Eles podem não perceber que estão sendo preconceituosos e transmitir tais ideias a você.

Os pais de Alexandre tinham um desentendimento com seus vizinhos por causa de uma árvore localizada no jardim deles. Eles precisavam fazer uma medição exata para saber a quem pertencia a árvore. Quando os vizinhos tomaram posse da árvore, derrubaram-na. O pai de Alexandre ficou muito zangado e disse ao filho que não mais brincasse com as crianças do vizinho porque elas eram más. Alexandre sempre achou que tais crianças pareciam legais, mas acreditou nas palavras de seu pai em relação a elas.

Ouvir sobre preconceito

Se você ouvir alguém dizer que "todas" as pessoas num grupo são iguais em determinado sentido, o preconceito se espalhou. Por exemplo, é preconceituoso dizer que *todas* as pessoas de um grupo com a mesma cor de pele são mais espertas que outras ou não são inteligentes.

Ninguém pode dizer com justiça que *todas* as pessoas que se parecem de alguma forma são as mesmas porque ninguém pode compreender e saber como são *todas* as pessoas do mundo. Deus criou as pessoas diferentes umas das outras, embora muitas coisas sobre elas possam parecer as mesmas. Há muitas crianças com cabelos castanhos, mas cada uma é uma pessoa diferente.

Rotular a pessoa porque ela se parece diferente machuca o sentimento dela e pode fazê-la considerar-se má. Se ninguém jamais rotulou você, lembre-se de como isso faz você se sentir antes de fazer a mesma coisa com outra pessoa.

Veja as pessoas como Deus as vê

Há pessoas de tipos muito diferentes, assim como há diferentes carros, bicicletas, máquinas de lavar, brinquedos ou outras coisas. As pessoas são mais valiosas do que qualquer outra coisa, porque são criadas à imagem de Deus.

As pessoas têm diferentes cores de pele, cabelos e olhos. O tamanho e a forma de seu rosto e de seu corpo são diferentes. Algumas pessoas crescem e se tornam altas, outras ficam baixas. Algumas não podem caminhar ou enxergar. Algumas falam diferentes línguas. Em meio a bilhões de pessoas, cada ser humano presente no mundo é diferente.

Todas as pessoas são diferentes, portanto Deus pode amá-las de um jeito especial, e, assim, podemos aprender a amar a Deus. Pense: nós fomos criados à imagem de Deus, mas somos todos diferentes, todos nos parecemos um pouquinho com Deus, assim como uma menininha pode se parecer com seu pai. Então, se aprendermos isso e amarmos os outros, estaremos amando a Deus, que está presente em cada um de nós.

Preconceito racial

Uma *raça* é composta de um grupo de pessoas que partilha certos "traços", crenças ou costumes, que foram transmitidos dos adultos para os filhos por muitas gerações. Muitas raças se desenvolveram em certas partes de mundo – no Brasil, Japão, Nigéria, Suíça, Grécia, Síria, Índia, Tailândia e Austrália – e mais tarde espalharam-se pelo mundo.

Há muitas raças com pessoas diferentes, mesmo considerando um mesmo país, e muitas delas hoje descendem de diversas raças. Um afro-americano que mora na Inglaterra pode ser vizinho de um vietnamita e falar com outra pessoa em francês.

É errado considerar que todas as pessoas que se parecem ou agem de maneira semelhante sejam iguais em tudo em sua forma de ser. Todos nós pertencemos à raça humana.

Amigos podem ser diferentes

Amihan nasceu em São Francisco e é americana, mas é também espanhola, japonesa e filipina quanto à origem; sua pele é morena clara.

Quando estava na primeira série, Amihan se mudou para uma cidade onde todos tinham a pele clara. As crianças provocavam Amihan por causa de seu nome e sempre perguntavam o que ela era. A mãe de Amihan a orientou para que dissesse: "Eu sou uma pessoa do mundo". Depois disso, as crianças passaram a respeitá-la e pararam de provocá-la.

Quando as crianças vivem na vizinhança com outras crianças que gostam muito delas, podem não saber como agir quando veem alguém que pode parecer um pouquinho diferente, como Amihan. Se isso acontecer, você pode ter de mostrar a elas que vocês não são tão diferentes. Amihan e seus novos vizinhos descobriram que eles gostavam da mesma música, partilhavam a comida de que *todos* eles gostavam!

O que é bom saber sobre diferenças

A professora da segunda série, dona Helena, propôs para sua turma um *show* de talentos. Chan Li, um menino chinês, é um ótimo leitor, por isso ele leu o discurso. Tyrell e Dauntay, dois afro-americanos, escreveram a peça e atuaram nela. Bridget, que é irlandesa, executou algumas danças de seu país de origem. Natasha, que é russa, tocou piano.

Como havia muitas crianças diferentes na mesma classe, seus pais mostraram a elas como aproveitar tantas coisas diferentes, e elas foram capazes de partilhar suas diferenças e realizar um grande *show* de talentos.

Entendendo as diferenças

Pessoas que se parecem geralmente estão juntas, pois não se sentem diferentes (estranhas umas às outras). Mas as diferenças nos ajudam a aprender sobre o mundo e todas as pessoas.

Quando Diana foi para a segunda série, ela conheceu Indira, que era diferente das outras garotas. Algumas meninas não queriam brincar com Indira porque ela parecia estranha quando falava e não se vestia com as roupas da moda, mas Diana foi amigável com ela.

Diana aprendeu que Indira era de Bombaim, Índia. Quando Indira convidou Diana para brincar na sua casa, seus pais foram muito simpáticos com Diana e deram a ela um colar indiano. Quando Diana foi para a escola no dia seguinte, mostrou às outras garotas seu colar.

Preconceito religioso

Há muitas religiões diferentes com as suas formas próprias de adorar a Deus e tentar estabelecer paz entre as pessoas. Entretanto, quando algumas pessoas não se afinam com a religião, pode haver brigas, violência ou mesmo guerras. É importante lembrar que, mesmo que você não concorde com uma pessoa que tenha uma religião diferente, Deus ainda diz a você que é preciso amar os outros como seres humanos.

É errado tratar mal uma pessoa ou prejudicá-la por ela ter uma religião diferente. Deus não quer que nos tratemos assim. Você pode manter-se fervoroso em sua própria religião enquanto aprende sobre outra pessoa e até mesmo podem se tornar bons amigos!

Preconceito leva à provocação e à agressão

Provocar outras crianças porque elas são diferentes não é bom, mesmo se outra pessoa também estiver fazendo isso.

Provocação é um problema, porque, quando as crianças são xingadas, seus sentimentos ficam feridos, elas podem se tornar agressivas e querer revidar. É assim que uma briga começa. Se você está sofrendo provocação, a melhor coisa a fazer é ignorar e seguir adiante.

Os valentões sempre atormentam e provocam outras crianças. Se você perceber que alguém está sendo intimidado, conte para seu pai ou sua mãe, para um professor, ou outro adulto que possa fazer algo.

Defenda as crianças que são vítimas de preconceito

Tiago era muito magro e usava óculos. Alguns de seus colegas de classe zombavam muito dele.

Gilberto era vizinho de Tiago, e todo verão eles tinham aulas de natação juntos. Tiago sempre ganhava a prova mais longa. Gilberto contou para alguns garotos da escola que Tiago era um grande nadador, mas eles não acreditavam no que Gilberto dizia.

Certa noite, Gilberto viu Tiago no noticiário da TV. O repórter chamava Tiago de herói porque ele salvou a vida de uma menina que estava se afogando no rio. O prefeito da cidade conferiu a Tiago uma medalha, e ele a levou para a escola. Todos os meninos pararam de provocá-lo e aprenderam com Gilberto a não julgar as pessoas pela aparência.

Trate as pessoas da forma como você gostaria de ser tratado

Como você se sentiria se outras crianças não falassem com você e ninguém quisesse brincar com você? Como você se sentiria se ninguém lhe desse uma chance, sem nem mesmo conhecer você?

Pense em como você quer ser tratado e dê a todos uma oportunidade justa de serem eles mesmos. Procure o bem que Deus colocou em cada pessoa. Se você espera que as pessoas apreciem e respeitem suas diferenças e dons, você deve fazer o mesmo com elas.

Respeitar outras pessoas significa aceitar suas diferenças, mas não significa que você deva aceitar tudo o que uma criança faça. Algumas coisas, como quebrar regras, roubar e mentir, não são aceitáveis. Deus nos ama a todos, mas nem sempre ama o que nós fazemos. Nós somos guiados pelo amor da mesma forma.

Deus é seu melhor amigo

Se alguém é preconceituoso em relação a você, lembre-se sempre de que Deus ama você e é seu melhor amigo. Deus está sempre com você.

Deus sempre tem tempo para ouvi-lo. Você pode rezar e falar a Deus sobre as crianças que são preconceituosas e quão triste elas fazem você se sentir. Deus entenderá você. Você também pode pedir a Deus que o ajude a perdoar e amar todas as pessoas e evitar ser preconceituoso consigo mesmo. Deus responderá às suas preces!

Deus não é preconceituoso com ninguém, porque Ele criou cada um de nós e *deu-nos* nossas diferenças. Elas são um dom! Lembre-se: fomos criados à imagem de Deus, mas todos somos diferentes, todos nos parecemos um pouquinho com Ele. Então, se aprendemos e amamos os outros, nós amamos a Deus, que está presente em cada um de nós. Tente!

Christine A. Adams tem se ocupado há 32 anos em ensinar e aconselhar adolescentes. Ela é autora de diversos livros e também da coleção Terapia Infantil e Terapia (adultos).

R. W. Alley é ilustrador da coleção Terapia, que, no Brasil, publicada pela Paulus, já vendeu mais de um milhão de exemplares. Agora, está ilustrando também a série Terapia Infantil. Além de ilustrador, ele é autor de livros infantis. Reside em Barrington, Rhode Island, com a esposa e um casal de filhos.